La misericordia
vence al juicio
El fundamento de nuestra esperanza

Jeff Smith

LA PALABRA ENTRE NOSOTROS

La Palabra Entre Nostros
9639 Doctor Perry Road
Ijamsville, Maryland 21754
ISBN: 0-932085-75-X

© 2002 por *The Word Among Us Press*
Todos los derechos reservados.

Diseño de la cubierta por David Crosson.
Traducido del inglés por Luis E. Quezada.

Las citas bíblicas son de la Versión Popular (Dios habla hoy),
usada con el permiso correspondiente.
© 1983 Sociedades Bíblicas Unidas.

Prohibida la reproducción total o parcial de esta obra, así como
su almacenamiento en cualquier sistema de recuperación de datos
en cualquier forma o su transmisión por cualquier medio
-electrónico, mecánico, fotocopiado, grabación u otro-
sin autorización previa de la casa editora,
salvo que puede citarse brevemente
en reseñas impresas.

Hecho e impreso en los Estados Unidos de América.

Índice

Introducción
4

El Padre misericordioso
El Poder de la Palabra
7

La misericordia prevalece frente al juicio
*En la cruz, Jesucristo enseñó que el amor
es más fuerte que el pecado*
21

Hijo de David, ¡ten compasión de mí!
¿Cuál es la base de nuestra esperanza?
33

Introducción

En su Encíclica sobre la Misericordia de Dios (Dives in Misericordia), S.S. el Papa Juan Pablo II alienta a todos los creyentes a implorar la misericordia del Padre y a confiar en ella de todo corazón: "¿Acaso no dijo Cristo que nuestro Padre, que 've en lo secreto', está siempre esperando que recurramos a Él en todas nuestras necesidades y que nos dediquemos a estudiar sus misterios: el misterio del Padre y de su amor?" (Dives in Misericordia, 2). En efecto, por haber sido bautizados en Cristo, todos los cristianos podemos acudir al Padre en cualquier momento. Tanta es la misericordia de nuestro Dios que no existe obstáculo ni pecado alguno que nos impida recibir su abrazo paternal.

En esta época en que la Iglesia eleva su mirada esperanzada al regreso glorioso de Cristo Jesús, y en que resulta

Eso le corresponde a Ud. = that's up to you

natural pensar en los tiempos del fin y en el día del juicio, es particularmente útil meditar en la compasión y la misericordia de Dios. ¿Qué mejor época que ésta para adquirir un entendimiento más claro de la sublime verdad de que "los que han tenido compasión saldrán victoriosos en la hora del juicio" (Santiago 2,13)? Porque la misericordia es más fuerte que el juicio. ¿Qué mejor ocasión para saber que cuando uno se acerca a Dios con humildad, consciente de su necesidad de perdón y sanación, el Padre nos estrecha tiernamente en sus brazos?

Donde mejor se aprecia la misericordia divina es en la cruz de Cristo. Allí, el creyente ve a Jesús, santo Hijo de Dios, que muere por cada uno de nosotros, tomando el lugar que nos correspondía y sufriendo el castigo que merecen nuestros propios pecados. En la cruz, uno ve que el amor de Cristo es más fuerte que el pecado; que es un amor que destruye todo lo que nos separa del Padre. Cristo crucificado es quien nos concede el perdón y una conciencia limpia; así llegamos a ser hijos amados de Dios, plenamente seguros del amor y la protección de su Padre.

Gracias a la cruz, recibimos el Espíritu Santo, la vida de Dios y la manifestación física del cuerpo de Cristo en la tierra. ¡Tan extraordinario es todo lo que nos ha dado el Padre, que no podemos dejar de darle gracias, alabarlo y regocijarnos por su infinita misericordia!

De modo que si realmente los cristianos deseamos estar unidos al Padre y recibir su amor clemente y compasivo, hemos de ser también comprensivos y pacientes con los demás. El amor de Dios nos dará la fortaleza necesaria, como se la dio a todos los santos, para practicar las obras de misericordia, sabiendo que el bien que hagamos al prójimo, se lo hacemos a Cristo (Mateo 25,40). Jesús prometió que no quedaría sin recompensa ni siquiera quien le diera un vaso de agua fresca a uno de sus fieles (10,42). Así, pues, dispongámonos a recibir el amor y la misericordia del Padre y seamos instrumentos dignos del Señor para compartirlos con los demás.

Jeff Smith
La Palabra Entre Nosotros

El Padre misericordioso
El Poder de la Palabra

El lenguaje de la religión es tan rico y elocuente que a veces es capaz de ocultar una cosa y revelar otra al mismo tiempo. Hay algunos términos —como juicio, misericordia, y poder— que hemos escuchado tantas veces que a veces se nos pasa por alto lo que realmente quieren decir acerca de Dios y de la condición del hombre frente a su Creador. Tanto el Antiguo Testamento como el Nuevo Testamento demuestran que Dios es clemente y justo. El Señor es rico en misericordia y perdona los pecados, pero también es un juez justo que pide cuentas al pecador y que castiga la maldad. Por el hecho de que la misericordia y el juicio son dos conceptos esenciales de ambas partes de las Sagradas Escrituras, conviene saber que también son claves importantes para lograr un mejor entendimiento de Dios y de lo que significa ser hijos del Padre.

En el capítulo siguiente se hace una reflexión sobre el significado de estas palabras, según se usan en las cartas de San Pablo, en los Evangelios y en la tradición del Antiguo Testamento. Un estudio de los términos griegos eleos (misericordia) y krisis (juicio) permite recuperar el significado original de estas palabras, pero cabe recordar que los vocablos solamente pueden definirse acertadamente en el contexto del uso que se haga de ellos, y no en forma aislada. Por ejemplo, si bien es útil saber que eleos se usa 27 veces y krisis 47 veces en el Nuevo Testamento, más importante es situar los conceptos de misericordia y juicio en el debido contexto de toda la enseñanza bíblica.

San Pablo no usa el término eleos con frecuencia en sus escritos, pero el concepto de misericordia está latente en sus epístolas mediante el vocablo dikaiosune (virtud o poder). En efecto, el apóstol dice que todo el mensaje del Evangelio es una revelación del "poder de Dios" (Romanos 1,16), y para él, el poder de Dios tiene un significado doble: el juicio y la misericordia. Esta doble dimensión es la que caracteriza los ocho primeros capítulos de su obra teológica maestra, la Carta a los Romanos. La justicia y el juicio son los temas centrales de los pasajes que van del capítulo 1,1 al 3,20; y la misericordia pasa al resaltar en toda la sección que va del capítulo 3,21 al 8,39.

En el pasaje de los capítulos 1,18 al 3,20 de la carta a los Romanos, se habla del "terrible castigo de Dios", es decir el justo juicio del Señor contra los pecadores. En estos tres capítulos, San Pablo, actuando como abogado acusador, presenta la evidencia contra gentiles y judíos: "Tanto los judíos como los que no lo son, están bajo el poder del pecado" (3,9). De manera que el justo juicio de Dios es la aplicación del castigo divino a los pecadores (1,18). En esta primera parte de la epístola (1,18 a 3,20), San Pablo explica el poder de Dios en términos de la justicia de Dios.

Pero el poder tiene una doble característica, y en este punto de su explicación, San Pablo toma un rumbo distinto para revelar el significado más completo: "Pero ahora, dejando aparte la ley, Dios ha dado a conocer de qué manera nos libra de culpa, y esto se comprueba leyendo los libros de la ley y los profetas" (Romanos 3,21). Aunque en términos "jurídicos", se justificaría la condenación de todos los pecadores, algo nuevo ha sucedido en Cristo: "Todos han pecado y están lejos de la presencia salvadora de Dios. Pero Dios, en su bondad y gratuitamente, los ha librado de culpa, mediante la liberación que se alcanza por Cristo Jesús" (3,23-24). De manera que Pablo, el abogado acusador, ha perdido el caso: El fallo de Dios es un fallo absolutorio, es decir, de misericordia y perdón, no de condenación (3.21-26; 8,1). "Cuando el pecado aumentó —explica San Pablo— Dios se mostró aún más bondadoso" (5,20). ¿De dónde sacó San Pablo esta noción de un Dios que es tan generoso y misericordioso? De la revelación de Dios que Jesús le dio a conocer cuando se dirigía a la ciudad de Damasco (Gálatas 1,16; Hechos 9,1-9).

Los evangelios sinópticos: El Padre pródigo. Cuando Jesús anunció que el reino de Dios había llegado (Marcos 1,15), lo que pedía era una respuesta de la gente y a los que se negaban a responder les advertía que tendrían que pasar por el juicio y la exclusión (Mateo 8,11-12; 12,41-42). Sin embargo, como más tarde lo comprobaría personalmente San Pablo, el tema predominante en la predicación de Jesús era la misericordia antes que el juicio. En efecto, Jesús era portador de la clemencia de Dios, y cuando los enfermos le imploraban que tuviera piedad, Él los curaba (Mateo 9,27-31; 15,21-28; 17,14-18; 20,29-34).

La parábola del padre pródigo (Lucas 15,11-32) es un excelente ejemplo de la manera en que Jesús predicó la misericordia de Dios. Este padre traspasó todos los límites de la prudencia social que imperaba en el Medio Oriente, ya que fue excesivamente compasivo con sus dos hijos. Seguramente una bondad tan extrema no sería más que tontería para algunos; pero Jesús contó esta parábola para presentar una visión más amplia y profunda de la verdadera naturaleza de Dios: como un padre rico en clemencia, que colma al hijo menor de abrazos y besos, y que le ruega al mayor que comparta la alegría por el regreso de su hermano.

Pero Jesús no se limitó a contar parábolas; sus acciones también nos invitan a entender mejor quién es Dios. El hecho de que compartiera con los pecadores en general y con una mujer pecadora en particular (Lucas 7,36-50) son buenos ejemplos. La clave del encuentro de la pecadora con Jesús fue la experiencia que ella tuvo, no de juicio ni condenación, sino de misericordia y perdón (Lucas 7,47-48; véase también Juan 8,10-11). Tras haber recibido la clemencia de Dios, ella se sintió impulsada a poner en acción su amor y gratitud ungiendo los pies de Cristo. Con esta acción demostraba que ya había experimentado el perdón de Dios, como lo declaró el Señor: "Por esto te digo que sus muchos pecados son perdonados, porque amó mucho" (Lucas 7,47).

San Juan: Dios amó tanto al mundo . . . El juicio también es uno de los temas esenciales del Evangelio según San Juan (3,19; 5,22-30; 7,24; 8,16; 12,31; 16,8.11). El juicio y la condenación caen sobre los que se niegan a creer en Jesús y aceptar la luz: "Los que no creen ya han sido condenados, pues, como hacían cosas malas, cuando la luz vino al mundo prefirieron la oscuridad a la luz" (3,19; véase también 12,31; 16,8.11). Pero incluso San Juan no pone el énfasis en el juicio y la condenación, sino en la misericordia de Dios: "Dios no envió a su Hijo al mundo para condenar al mundo, sino para salvarlo" (3,17).

Lo contrario del juicio (en el Evangelio según San Juan) es la vida eterna: "Quien presta atención a lo que yo digo y cree en el que me envió, tiene vida eterna; y no será condenado, pues ya ha pasado de la muerte a la vida" (5,24). Nuevamente vemos que

Dios es generoso en extremo cuando derrama su amor y su compasión sobre su pueblo, y siempre los está llamando a que regresen a su lado mediante un sincero arrepentimiento y fe. ¿De dónde sacó Jesús esta noción de un Dios tan rico en misericordia? Del hecho de conocer a Dios muy íntimamente (Juan 10,30; 17,11.22); porque es el Padre que se reveló a Jesús de Nazaret cuando éste estudiaba en oración la Palabra de Dios leyendo la Torah, los cinco primeros libros de las Escrituras.

El Señor los ha preferido a ustedes. Con frecuencia se comete el error de contrastar al Dios del Antiguo Testamento con el Dios del Nuevo Testamento, aduciendo que el primero era un Dios de juicio severo y condenatorio, y que el segundo, en cambio, es un Dios "más benigno", que perdona todo sin restricciones. Esta es una herejía (marcionismo) que fue condenada por la Iglesia primitiva; lamentablemente, ha persistido hasta nuestros días. Pero San Pablo nos recuerda que Dios es uno solo (Romanos 3,30). En efecto, el Dios justo y misericordioso que proclamaron San Pablo, San Juan e incluso Jesucristo, nuestro Señor, es el mismo Dios del Antiguo Testamento, el que los judíos experimentaron en la sinagoga y en el templo. El Rey David, por ejemplo, comparaba la misericordia humana con la divina: "Estoy en un grave aprieto. Ahora bien, es preferible que caigamos en manos del Señor, pues su bondad es muy grande, y no en manos de los hombres" (2 Samuel 24,14).

Los salmistas también entonaron himnos hermosos acerca del amor profundo y la inquebrantable misericordia de Dios (Salmos 51,1; 69,16; 103,4; 119,156). Los israelitas experimentaron el amor profundo y la inquebrantable misericordia del Señor, principalmente en su alianza con Dios; aquella relación de amor comprometido de la que no eran merecedores, sino que era un regalo que libremente les daba Dios: "Si el Señor los ha preferido y elegido a ustedes, no es porque ustedes sean la más grande de las naciones, ya que en realidad son la más pequeña de todas ellas" (Deuteronomio 7,7-8). Esta experiencia del amor clemente y compasivo de Dios se hizo presente en la vida de los hebreos, una presencia que quedó consagrada en las palabras de la Torah. Por eso, desobedecer la Ley significaba rechazar este don de amor sellado por medio de la alianza, lo que daba lugar al juicio y la condenación.

La misericordia, el juicio y los cristianos. Estas reflexiones bíblicas son útiles para llegar a un entendimiento más claro y profundo del único Dios verdadero y de la relación que sus hijos tienen con Él. El Señor es un Dios que quiere colmarnos de la abundancia de su amor y su misericordia. Esta experiencia avasalladora del perdón, como la tuvo la mujer pecadora, es la que nos capacitará para amar al Señor y también a nuestros semejantes; y mientras más patente y profunda sea la experiencia de este don del verdadero amor de Dios, nos sentiremos impulsados con más fuerza a demostrar este mismo amor al prójimo.

La llamada de Dios no es fácil de cumplir. El Señor pide a sus fieles que sean como Él, es decir, que se dediquen a aliviar a los afligidos, anunciar libertad a los presos y proclamar el año favorable del Señor (Isaías 61,1-3), y precisamente por el hecho de que su misericordia nos pide todo esto, Él juzgará nuestras acciones. Pero no hemos de vivir con miedo a un Dios vengativo e iracundo, porque el único Dios verdadero es misericordioso en extremo (v. Efesios 2,4), es tierno y compasivo y está deseoso de colmarnos de la gracia necesaria para vivir poniendo en práctica, con alegría y gratitud de corazón, la misión que nos ha encomendado.

El juicio final. En unas ocho ocasiones leemos en el Nuevo Testamento las expresiones "el día" o "la hora" del juicio (Mateo 10,15; 11,22.24; 12,36; 2 Pedro 2,9; 3,7; 1 Juan 4,17; Apocalipsis 14,7). Los criterios que servirán de base para este juicio se presentan en Mateo 25.40: "Les aseguro que todo lo que hicieron por uno de estos hermanos míos más humildes, por mí mismo lo hicieron." Esto significa que los que han experimentado la copiosa misericordia y compasión de Dios han de demostrar la misma actitud en acciones concretas. Este es el mensaje que Jesús enseñó en su parábola del funcionario que no quiso perdonar (Mateo 18,23-35) y es también la lección contenida en la carta del apóstol Santiago: "Los que no han tenido compasión de otros, sin compasión serán también juzgados, pero los que han tenido compasión, saldrán victoriosos en la hora del juicio" (Santiago 2,13). Esta llamada a mostrarse clemente y compasivo es también la esencia de lo que Jesús dijo citando al profeta Oseas: "Vayan y aprendan el significado de esta Escritura: 'Lo que quiero es que sean compasivos, y no que ofrezcan sacrificios'" (Mateo 9,13; 12,7; Oseas 6,6).

La misericordia prevalece frente al juicio

En la cruz, Jesucristo enseñó que el amor es más fuerte que el pecado

A través de los siglos, los filósofos y los teólogos han escrito libros y tratados sobre los temas de la justicia y la misericordia, y muchas de sus ideas han sido sumamente útiles para esclarecer el entendimiento de estas cosas. Pero hay otros escritos que, al parecer, son nada más que fruto del intelecto humano, limitado e imperfecto, que han tratado de dilucidar la naturaleza inefable e ilimitada de un Dios eterno. Por supuesto que no hay nada de malo en tratar de entender mejor a Dios y, en realidad, todos deberíamos hacerlo; pero el único que puede revelar la naturaleza de Dios es Dios mismo.

El peligro que entraña el proponer este análisis es que fácilmente se puede terminar por "limitar" a Dios, porque suponemos que al haber definido lo que creemos que es la esencia de la Deidad, pensamos que esa es su verdadera naturaleza. Pero si así fuera, ¿cómo podríamos llegar a un conocimiento más profundo de Dios? Y lo que es más importante aún, ¿cómo podríamos esperar que un día llegaríamos a experimentar más plenamente un amor que nos juzga según nuestros pecados y al mismo tiempo nos purifica conforme a su compasión y su misericordia?

La victoria de la Santa Cruz. No hay intelecto humano, por brillante que sea, que pueda entender cabalmente y comunicar estas verdades. Esta es precisamente la razón por la cual Dios envió a su Hijo unigénito al mundo. Jesús es la personificación perfecta de todos los atributos de Dios, especialmente de su justicia y su clemencia. En su Carta a los Filipenses, San Pablo cita un antiguo himno con el que se exaltaba la justicia y la misericordia de

Dios, que nos fueron reveladas en la cruz de Cristo. Allí, clavado en el madero, Jesús soportaba el peso de todas nuestras transgresiones, sin dejar de hacer valer la absoluta justicia de Dios, que no tolera el pecado. Al mismo tiempo, Jesús reveló la inagotable misericordia del Señor sobre toda su creación. Tanto nos amó Dios —tan intenso fue su deseo de derribar la barrera del pecado que nos mantenía alejados de su tierno abrazo— que envió a su Hijo único para reconciliarnos consigo.

El hecho de que Jesús aceptara la voluntad del Padre —de hacerse hombre y someterse a la ignominia de la muerte en la cruz— es el acto de misericordia suprema más extraordinario posible. ¡Cristo derramó voluntariamente su propia sangre preciosa para redimirnos! La justicia divina establecía que sólo Dios podía borrar el pecado cometido en su contra; a su vez, la misericordia divina exigía el perdón hasta para el pecado más grave. Así pues, Jesús dio pleno cumplimiento a ambos requisitos: en su cruz, la misericordia prevaleció frente al juicio.

Si la justicia humana se empequeñece ante la contemplación de una persona absolutamente inocente que sufre por las maldades de otros, ¡cuánto más la justicia divina! Por supuesto que si Jesús hubiera tenido siquiera una pequeñísima muestra de repudio o rencor contra sus verdugos, eso habría sido comprensible para nosotros; pero, ¿cuál fue su respuesta? "Padre, perdónalos; porque no saben lo que hacen" (Lucas 23,34). La misericordia fue más fuerte que el juicio.

Cuando Jesús estaba crucificado, uno de los ladrones ajusticiados a su lado se burlaba de Él, pero el otro lo reprendía diciéndole: "¿No tienes temor de Dios, tú que estás bajo el mismo castigo? Nosotros estamos sufriendo con toda razón, porque estamos pagando el justo castigo de lo que hemos hecho; pero este hombre no hizo nada malo" (Lucas 23,40-41). Este "buen ladrón" comprendía lo que significaba ser juzgado y sabía cuándo el juicio era justo o injusto. Ahora, estando crucificado junto a Jesús, tuvo un entendimiento totalmente nuevo de la misericordia, y esto le hizo pedirle al Señor: "Jesús, acuérdate de mí cuando comiences a reinar" (Lucas 23,42). Luego, ¡qué extraordinario y maravilloso escuchar la respuesta de Cristo!: "Te aseguro que hoy estarás conmigo en el paraíso" (Lucas 23,43). La misericordia prevaleció frente al juicio.

El mucho amor engendra mucha misericordia. Pero Cristo dio a conocer la misericordia del Padre no sólo en la cruz. Este fue un tema que invariablemente caracterizó todo su ministerio de predicación, curación y enseñanza. Una parábola que se destaca en forma particular es la del fariseo y el cobrador de impuestos (Lucas 18,9-14). El fariseo, de pie, daba gracias a Dios porque él no era como otras personas, y se jactaba de hacer ayuno y dar limosna. ¿Cuál era su falta? "La arrogancia", respondemos casi de inmediato. Sin embargo, ¿quién de nosotros está libre de arrogancia? Quizá lo más grave era que este fariseo no conocía la misericordia de Dios; tal vez jamás había experimentado el amor del Padre y, por ende, no estaba preparado para enfrentar el terrible juicio de Dios. Por eso, en lugar de confiar en la misericordia divina, trataba de justificarse por lo que hacía y lo que no hacía. Tenía que encontrar otra cosa, que no fuera el amor de Dios, que le garantizara la seguridad y la esperanza . . . Y lo hacía a costa de los demás.

Por el contrario, el cobrador de impuestos oraba diciendo: "¡Oh Dios, ten compasión de mí, que soy pecador!" (Lucas 18,13). Este hombre sí conocía la misericordia de Dios, y se fue justificado (Lucas 18,14). Sabía que era pecador, y se encomendaba a un Dios que no le exigía tantas obras de rectitud, sino más bien humildad de corazón, y un espíritu receptivo a la misericordia divina.

Al entrar en la presencia del Altísimo, nos vemos frente a dos realidades impresionantes: la de nuestra propia persona y la de los pecados que llevamos a cuestas; cuando nos vemos bajo una luz nueva y clara, comenzamos a entender que el pecado debe ser castigado. Pero, al mismo tiempo, reconocemos que Dios nos ama infinita e incondicionalmente. Así empezamos a entender que el Señor, por su gran misericordia, nos ha perdonado mediante la muerte y la resurrección de Jesús, su Hijo amado. El cobrador de impuestos se daba cuenta de cuál era su propia condición, porque la consideraba a la luz del juicio de Dios; por eso tuvo la valentía y la humildad de confiar en la misericordia de Dios. El fariseo en cambio, trataba de demostrar que era mejor que los demás y, precisamente por eso, él mismo se ponía bajo el juicio de Dios.

Cuando Jesús predicaba y atendía a los necesitados, mucha gente reconocía que en Él se manifestaba la misericordia de Dios. Una de ellas fue la mujer "pecadora" (Lucas 7,37). Cuando ésta se enteró de que Jesús estaba cenando en casa del fariseo Simón, actuó sin vacilación. Sin que la invitaran —y sin duda el dueño de casa no habría querido invitarla— ella interrumpió la fiesta y se situó a los pies de Jesús; allí le lavó los pies con sus lágrimas, se los secó con su cabello y se los ungió con óleo perfumado. Cuando Simón criticó a la mujer, y el hecho obvio de que Jesús la toleraba, el Señor lo corrigió explicándole lo que sucedía en el corazón de ella: "Sus muchos pecados son perdonados, porque amó mucho" (Lucas 7,47).

A continuación, Jesús le hizo ver a Simón el estado de su propio corazón: "Pero la persona a quien poco se le perdona, poco amor muestra" (Lucas 7,47). Luego, le dijo a la mujer: "Por tu fe has sido salvada; vete tranquila" (Lucas 7,50). ¿En qué tenía fe ella? En la compasión de Dios; estaba convencida de que, a pesar del juicio que merecía, la misericordia de Dios —manifestada en Jesús— prevalecería frente al juicio. Simón no había conocido aún la libertad ni el gozo de reconocer su pecado y abandonarse en las manos tiernas y compasivas del Padre.

Seamos misericordiosos como el Padre es misericordioso. Jesús enseñó a sus discípulos que la misericordia no es tanto algo que deba demostrarse o hacerse, sino más bien una actitud de vida: "Sean ustedes compasivos, como también su Padre es compasivo" (Lucas 6,36). La misericordia no es algo añadido, ni un atributo conveniente que debamos tener junto con otras virtudes, como la generosidad y el espíritu de servicio. La misericordia es la esencia misma de nuestro ser. Hemos de ser compasivos como el Padre, porque el Padre es compasivo. Jesús estaba tan lleno de la misericordia de Dios, de su bondad y su compasión por todas las personas, que podía ofrecerlas sin límite alguno, y dispuso que nosotros también recibiéramos la compasión divina, para que estuviéramos tan rebosantes del conocimiento del amor y la gracia de Dios, que fuéramos capaces de prodigarlos sin reservas.

Toda la vida terrenal de Cristo fue una demostración ejemplar de la misericordia de Dios. Era conocido como "amigo de los cobradores de impuestos y de los pecadores" (Lucas 7,34; 5,30; 15,1; 19,7), porque no se avergonzaba de ser visto con ellos. Precisamente del mismo modo, no se avergüenza de llamarnos a nosotros sus hermanos y hermanas (Hebreos 2,11). Jesús sabía que la misericordia de Dios es mucho más grande que nuestro pecado, de modo que cuando lo criticaban por cenar con pecadores, respondió: "Vayan a aprender lo que significa: 'Lo que quiero es que sean compasivos, y no que ofrezcan sacrificios. Pues yo no he venido a llamar a los buenos, sino a los pecadores" (Mateo 9,13).

Cristo vino a llamarnos a todos, porque "todos han pecado y están lejos de la presencia salvadora de Dios" (Romanos 3,23). En realidad jamás ha sucedido que haya un grupo de personas tan rectas o justas que no necesiten la salvación, y otro grupo formado por los pecadores. No; todos han pecado y todos necesitan la misericordia de Dios. Y en Jesucristo, la misericordia de Dios se ha derramado en toda su abundancia, como el resplandor del sol en un día radiante de primavera. La misericordia del Señor está siempre disponible para nosotros, es nueva cada mañana y se renueva cada día.

Un corazón misericordioso. En 1931, una humilde religiosa polaca vio a Jesús en una visión: "El Señor tenía la mano derecha levantada para bendecir; con la otra se tocaba la túnica a la altura del corazón. La túnica, ligeramente movida hacia el lado izquierdo, dejaba pasar dos rayos potentes que salían del interior: uno rojo y otro pálido." Este fue el comienzo de la devoción a la Divina Misericordia que sor Faustina (Helena Kowalska) entendió que el Señor le encomendaba propagar. Santa Faustina, canonizada el 30 de abril de 2000, dejó escritas numerosas visiones que tuvo del Señor, y las palabras que entendió que Jesús le había hablado. En un mensaje particularmente significativo, Santa Faustina dijo que el Señor le había dado las siguientes palabras:

"Oh, si los pecadores conocieran mi misericordia, no perecerían en números tan grandes. Di a las almas pecadoras que no tengan miedo de acercarse a mí; háblales de mi gran misericordia . . . Espero a las almas, pero ellas son indiferentes. Las amo tierna y sinceramente, pero ellas no confían en mí. Deseo derramar mis gracias con abundancia sobre ellas, pero ellas no quieren aceptarlas. Me tratan como cosa muerta, pero mi corazón está rebosante de amor y misericordia."

Hijo de David, ¡ten compasión de mí!

¿Cuál es la base de nuestra esperanza?

La revelación de que Dios es un Padre bondadoso y misericordioso.

En el Evangelio según San Marcos (10,46-52), leemos que Bartimeo, el mendigo ciego, recibió la misericordia de Dios. Bartimeo estaba tan consciente de su necesidad ante Dios, que no vaciló en suplicar a gritos: "¡Jesús, Hijo de David, ten compasión de mí!" (10,47). Los que estaban a su lado trataron de hacerlo callar, pero él gritaba mucho más: "¡Hijo de David, ten compasión de mí!" Algunos de los que rodeaban a Jesús consideraron que no era prudente —tal vez hasta irreverente— gritar de esa manera; posiblemente objetaban la excesiva insistencia con que Bartimeo invocaba a Jesús. Otros se preocupaban más de guardar el decoro y la dignidad en su conducta. Pero Bartimeo anhelaba la misericordia de Dios con tanta intensidad, que insistió una y otra vez en su petición. Finalmente, Jesús lo llamó, tuvo misericordia de él y le curó la ceguera.

Cuando Cristo instó a sus seguidores a hacerse como niños (Mateo 18,3), se refería al tipo de fe y confianza en el amor del Padre que vemos en los pequeños, el mismo tipo de fe que demostró Bartimeo. Cuando un niño sufre una herida o tiene miedo, llora; no se preocupa de su apariencia; lo único que desea es buscar alivio y consuelo, y sabe que su padre y su madre se los pueden dar. A veces nos preocupamos tanto de ser cristianos firmes y maduros, que se nos olvida que estamos llamados a ser como niños. ¡Esta es la actitud que Dios quiere que tengamos! El Padre desea que sepamos que podemos fiarnos de Él y que tengamos la plena seguridad de que en Él encontraremos todo lo que necesitamos.

Como contraste del caso de Bartimeo, leemos en Mateo 18,23-35 el caso del siervo despiadado. En esta parábola aprendemos que la misericordia no es algo que se mida en cifras o cantidades. La maldad del siervo cruel no consistió en cuántas veces había perdonado o dejado de perdonar, sino en que era incapaz de perdonar de corazón, porque su espíritu no había reconocido la misericordia que acababa de recibir. Su amo se había mostrado sumamente compasivo y generoso, pero él no reconoció esa generosidad con humildad ni gratitud. ¡Quién sabe si realmente se daba cuenta de lo desesperada que era su propia situación y de la inmensidad de la bondad de su dueño! ¿Era acaso presumido ante su señor y pensaba que era merecedor de ese regalo? Como haya sido, es inconcebible que una persona que reciba tanta misericordia se niegue a ser igualmente compasivo con alguien tan necesitado como él.

Jesús utilizó esta parábola para demostrar que no se puede perdonar de corazón a menos que uno se dé cuenta de la grandeza de la misericordia que todos los cristianos hemos recibido del Padre. Los que tienen el corazón receptivo a la bondad del Padre —vale decir, que humildemente admiten su necesidad de perdón y salvación— son capaces de comprender y disculpar los errores o faltas de los demás. Esta es la naturaleza del amor de Dios, que siempre está en acción, siempre derramándose, cada vez con más abundancia. Cuando nos disponemos a recibir este amor, él mismo nos mueve a darlo generosamente a los demás. De hecho, descubrimos que la única circunstancia en que alguna vez pudiéramos dejar de recibir el amor de Dios sería que nosotros mismos nos negáramos a darlo al prójimo. El que mucho recibe, mucho da en retribución (v. Lucas 7,47).

La misericordia es fuente de esperanza. Cuando uno aprende a recibir la misericordia con la misma actitud del ciego Bartimeo, encuentra que Dios lo llena de una gran esperanza, una esperanza que le permite soportar cualquier situación, por difícil que sea. De esa manera, tocado por el Espíritu Santo, el cristiano puede reconocer más claramente su propio pecado, pero sin caer en el desaliento.

Este principio de esperanza cristiana lo vemos en la vida de dos de los discípulos de Jesús: Pedro, que negó al Señor, y Judas, que lo traicionó. Ambos pecaron gravemente, pero los dos reaccionaron de modos diametralmente opuestos. Pedro había experimentado la ternura y la misericordia de Cristo (Lucas 5,8-10) y por eso fue capaz de confiar de corazón en la compasión de Dios, llorando amargamente por su pecado (Lucas 22,62). En efecto, confió en que la misericordia divina sería mayor incluso que este pecado de negar a quien lo había amado tan completa e incondicionalmente; por esta fe fundamental, Jesús pudo transformarle el corazón. Esta experiencia le enseñó a confiar que podía cambiar más aún, y en que el Señor no lo abandonaría, por muy grave que hubiera sido su pecado.

Judas, por el contrario, no pudo controlar la desesperación, porque habiendo compartido la amistad con Aquel que era la personificación misma de la misericordia de Dios, no fue capaz, al parecer, de aceptar la idea de que podía ser perdonado. Cuando se dio cuenta de la gravedad de su traición, fue incapaz de soportar el peso de su culpa; el remordimiento lo dominó; quiso huir de la realidad, pero terminó por ahorcarse (v. Mateo 27,5).

En estos dos hombres vemos la diferencia entre el dolor piadoso y el remordimiento humano. El dolor piadoso es una acción que realiza el Espíritu para llevarnos a los pies del Señor, con el corazón arrepentido. San Pedro conocía este tipo de dolor, porque el Espíritu lo movió a confesar su falta y a pedir perdón ¡y confió en que sería perdonado! En cambio el remordimiento humano se arraiga en los engaños del maligno y en la arrogancia humana, que se niega a reconocer su necesidad del Señor. Por eso, cuando Judas vio lo que había hecho, se sintió totalmente abatido por la desesperación. No consideró que su experiencia del amor de Dios fuera suficiente para contrarrestar su sentido de culpa, y se convenció de que no podía ser perdonado.

La revelación del Padre. ¿Cuál es la base de la esperanza cristiana? Es la revelación de que Dios es un Padre bondadoso y misericordioso. En su encíclica *La misericordia de Dios*, el Papa Juan Pablo II enseña: "El mismo 'Dios que es rico en misericordia' (Efesios 2,4) fue el que Jesucristo nos ha revelado como Padre; su propio Hijo es quien nos lo ha manifestado en Sí mismo, y nos lo ha dado a conocer" (1). En todo lo que hizo Cristo, su propósito principal fue siempre dar a conocer el Padre. Jesús estaba tan enteramente animado y movido por el amor del Padre, que voluntariamente quiso hacerse uno de nosotros para compartir ese amor con los humanos, aunque en ello le fuera su propia vida.

Cuando una persona acepta la redención que Cristo obtuvo para todos los creyentes en la cruz, él o ella recibe, mediante la fe y el bautismo, todos los frutos de la muerte salvadora de Jesús. Luego, al crecer en la fe, aprende gradualmente a confiar cada vez más en el poder del Espíritu Santo, que nos enseña, nos conforta y nos une más a Cristo. Sin embargo, como lo dijo el Santo Padre, la realidad trinitaria se completa cuando llegamos a conocer a Dios Padre como la Persona bondadosa y misericordiosa que en realidad es, y no solo como un concepto abstracto.

El Sumo Pontífice añade: "El hombre no puede manifestarse en la plena magnitud de su naturaleza sin hacer referencia —no sólo en forma conceptual, sino de un modo íntegramente existencial— a Dios... El hombre y su enaltecedor llamamiento se revelan en Cristo mediante la revelación del misterio del Padre y su amor" (La misericordia de Dios, 1).

Nuestra dignidad de seres humanos descansa sobre esta base firme. Toda la enseñanza de la Iglesia sobre la santidad de la vida y la defensa de la justicia social se fundamenta en ese hecho esencial. Los que hemos recibido la misericordia del Padre —habiendo merecido el castigo por nuestros pecados— tenemos el deber de ser misericordiosos con los demás. Pero la misericordia que manifestamos no debe depender de un entendimiento puramente conceptual, porque "La revelación del misterio del Padre y de su amor" sobrepasa la comprensión intelectual para llegar al corazón y llenarlo de la calidez, la compasión y la gracia de un Padre que nos ama tanto que dio a su Hijo único para salvarnos.

Así, pues, recibir y compartir la misericordia del Padre no es algo que uno pueda conseguir sólo por esfuerzo propio, sino que es un regalo del Dios bondadoso, que se deleita enseñando a sus hijos a amar como Él ama. Teniendo presente todo esto, acudamos a nuestro Padre amoroso y oremos con nuestro querido Papa Juan Pablo II: "En el nombre de Jesucristo crucificado y resucitado, en el espíritu de su misión mesiánica, que permanece en la historia de la humanidad, [que] el amor del Padre se revele una vez más en esta época de la historia, y que, por la obra del Hijo y del Espíritu Santo, demuestre su presencia en nuestro mundo moderno" (La misericordia de Dios, 15).

Por la misericordia de Dios . . . En su Carta a los Romanos, San Pablo escribió: "Así que, hermanos míos, les ruego por la misericordia de Dios que se presenten ustedes mismos como ofrenda viva, consagrada y agradable a Dios. Este es el verdadero culto que deben ofrecer" (Romanos 12,1). Cuando el apóstol dice "así que", se estaba refiriendo a todo lo que había escrito en los once capítulos anteriores de su carta. Para el apóstol, la misericordia de Dios se manifestaba en el hecho de que el Padre nos ha justificado por su gracia; que estamos resucitados a la vida nueva con Cristo, y que por su Espíritu llegamos a ser hijos e hijas de Dios. Como lo había dicho antes San Pablo, "Pero Dios prueba que nos ama, en que, cuando todavía éramos pecadores, Cristo murió por nosotros" (5,8). Esto significa que los creyentes, que merecemos juicio y condenación, hemos recibido misericordia.

Cada día uno puede experimentar la maravillosa realidad de estas verdades, si le pide al Espíritu Santo que las inscriba en lo profundo de su corazón; cada día puede llegar a una mayor transformación que le permita asemejarse más a la imagen de Dios, cuando acepta dócilmente que la misericordia divina lo lleve a una nueva dimensión de esperanza y paz. En este capítulo, estudiaremos la transformación que la misericordia de Dios produce en los creyentes, la cual nos permite confiar, como niños, en nuestro Padre, y nos infunde una esperanza que jamás se deslucirá y que es, como lo dijo el Santo Padre Juan Pablo II, "la revelación del misterio del Padre y de su amor" (*La misericordia de Dios*, 1).

Las obras de misericordia son acciones caritativas mediante las cuales socorremos al prójimo en sus necesidades corporales y espirituales. Instruir, aconsejar, consolar, confortar, son obras espirituales de misericordia, como también lo son perdonar y sufrir con paciencia. Las obras de misericordia corporales consisten especialmente en dar de comer al hambriento, dar techo a quien no lo tiene, vestir al desnudo, visitar a los enfermos y a los presos, enterrar a los muertos. Entre estas obras, la limosna hecha a los pobres es uno de los principales testimonios de la caridad fraterna; es también una práctica de justicia que agrada a Dios. (*Catecismo de la Iglesia Católica*, 2447)

Llamados a practicar la misericordia. Jesucristo enseñó que el hombre no sólo recibe y experimenta la misericordia de Dios, sino que él está igualmente llamado a 'practicar la misericordia' en favor de los demás: 'Bienaventurados los misericordiosos, porque ellos obtendrán misericordia' (Mateo 5,7) . . . El hombre alcanza el amor compasivo de Dios, su misericordia, en la medida en que él mismo es transformado interiormente en el espíritu de ese amor a su prójimo. Este proceso auténticamente evangélico no es meramente una transformación que se realiza una sola vez, sino que es toda una forma de vida, una característica esencial y continua de la vocación cristiana. (*Papa Juan Pablo II, La misericordia de Dios, 14*)